La collection Hera

pour tout connaître des grands mythes et légendes

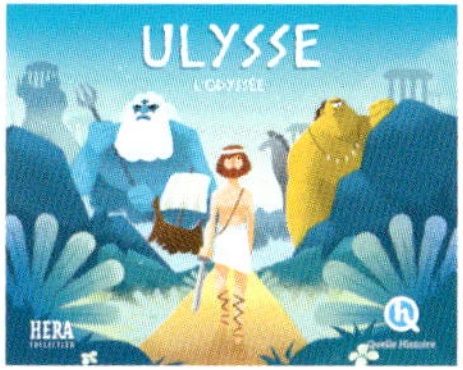

À découvrir également

dans la collection Histoire junior

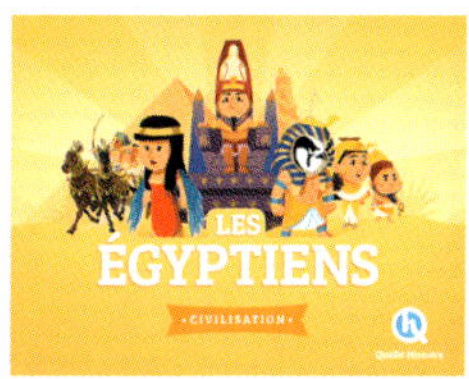

Quelle Histoire

Édition et conception : Quelle Histoire SAS. 22, Villa de Lourcine 75014 Paris
Illustrations : Bruno Wennagel, Mathieu Ferret, Guillaume Biasse, Aurélie Verdon, Aurélien Fernandez, Laurica Andriantsarafara
Textes : Clémentine V. Baron

Siège social : 22, Villa de Lourcine 75014 Paris

www.quellehistoire.com
contact@quellehistoire.fr

Fabriqué par Labelfab / Imprimé en France par Stin Imprimerie - Toulouse

Dépôt légal décembre 2016

Loi n°49-956 du 16 juillet 1949 sur les publications destinées à la jeunesse

PEFC 10-31-2841

FABRIQUÉ EN FRANCE

Sissi

L'enfance de Sissi

La petite duchesse Élisabeth naît la veille de Noël, le 24 décembre 1837, à Munich. À sa naissance, on découvre qu'elle a déjà une dent ! On dit que c'est un signe de chance. Celle qu'on surnomme très vite Sissi est promise à un grand avenir ! Ses parents sont riches, mais ils donnent à leurs enfants une éducation sans trop de manières. La famille passe l'hiver à Munich et l'été au château de Possenhofen où Sissi adore courir dans la campagne, grimper aux arbres et monter à cheval.

1837 - 1853

Le coup de foudre

À l'âge de 15 ans, Sissi accompagne sa grande sœur Hélène à Bad Ischl, en Autriche, pour un grand bal donné en l'honneur du jeune empereur François-Joseph, leur cousin. Officieusement, c'est une rencontre organisée entre lui et Hélène qu'il doit épouser très bientôt... mais lorsqu'il aperçoit Sissi, il reste bouche bée devant sa beauté ! Pendant le bal, il danse avec elle et lui offre même une corbeille de fleurs. Le soir même, le jeune empereur déclare à sa mère qu'il veut épouser Sissi et non Hélène ! Elle cède. Ce sera donc un mariage d'amour.

1853

Les bonnes manières

Sissi a beaucoup à apprendre avant de devenir impératrice. Pour l'heure, elle ressemble à une petite sauvageonne. Elle parle la bouche pleine, tache ses robes, rigole avec les domestiques... On lui donne des cours de maintien et de danse, il faut qu'elle apprenne tout le protocole de la cour d'Autriche. Le 24 avril, jour de son mariage, elle fait une entrée triomphale à Vienne. Dans un superbe carrosse doré, elle salue à travers la vitre le peuple autrichien qui s'agglutine pour essayer d'apercevoir son visage. La cérémonie peut commencer, elle sera grandiose !

1854

La pression du protocole

La joie laisse vite place à la déception. La vie de reine, ce n'est pas rigolo ! On lui fait des reproches à longueur de journée. L'étiquette est très pesante et sa belle-mère, l'archiduchesse Sophie, veille à ce qu'on la respecte à la lettre. D'ailleurs, elles ne s'entendent pas très bien. Pour Sissi, le château de Vienne est une prison dorée, elle a le droit de ne rien faire, de ne rien dire… Quand elle donne naissance à une petite fille, on lui interdit même de s'en occuper !

1855

Super sportive !

Pour fuir la pression du protocole et se défouler, Sissi fait plein de sport. On n'a jamais vu une impératrice aussi athlétique. Dans sa chambre luxueuse aux murs tendus de satin pourpre, on trouve aussi des haltères et une barre de traction ! Tous les matins, Sissi fait des exercices pendant une heure, puis elle part toute la journée pour de longues randonnées à pied ou à cheval. Elle adore ses magnifiques purs-sang et les dresse au doigt et à l'œil. C'est une des meilleures cavalières de son temps.

1855 - 1898

La minceur à tout prix

Si elle fait autant de sport, c'est pour se vider la tête, mais aussi parce qu'elle est obnubilée par son poids et son apparence physique. À tel point que cela devient maladif et dangereux pour sa santé. L'impératrice mange très peu et serre sa taille de guêpe dans des corsets étouffants. Pour 1 mètre 72 elle n'a jamais dépassé les 50 kilos. Sissi fait tant d'efforts qu'elle parvient à rester toute fine même quand elle est enceinte... Elle aura 4 enfants : Sophie, Gisèle, Rodolphe et Marie-Valérie.

De grands malheurs

Un jour, elle supplie son mari de la laisser emmener ses deux filles en vacances. Sa belle-mère s'y oppose : « C'est une folie ! », mais l'empereur, qui ne peut rien refuser à sa bien-aimée, accepte. Sissi prend le bateau avec les petites Sophie et Gisèle. Malheureusement, l'aînée, qui n'a que 2 ans, tombe gravement malade et meurt pendant le voyage... Sissi est effondrée, elle pense que c'est de sa faute ! Quelques années plus tard, elle perdra de nombreux proches, dont son fils chéri, Rodolphe. La tristesse ne la quittera jamais.

1857

Erzherzogin
Sophie von Österreich

Les voyages

Pour oublier ses malheurs et améliorer sa santé qui se dégrade à vue d'œil, Sissi part en voyage. D'abord à Madère, une île au large de l'Afrique, où le climat et les décors exotiques la dépaysent. Elle prend vite le goût de l'aventure et enchaîne les excursions : Italie, France, Algérie, Suisse, Grèce... Sur l'île de Corfou, elle se fait construire un palais magnifique où elle séjourne très souvent. Comme elle ne souhaite pas être reconnue, à chaque déplacement elle se déguise et se cache le visage derrière une voilette. Sissi veut rester incognito !

1860 - 1898

Reine de Hongrie

À cette époque, l'Autriche et la Hongrie font partie d'un même empire : celui des Habsbourg. Cependant, depuis une vingtaine d'années, la Hongrie réclame son indépendance. Elle veut sa propre monarchie. François-Joseph n'est pas d'accord, mais Sissi l'incite à faire le bon choix et le 8 juin 1867, elle devient elle-même la nouvelle reine de Hongrie ! Pour l'occasion, elle n'hésite pas à prendre le nom d'Erzsébet (la traduction hongroise de son prénom). Depuis, elle séjourne très souvent dans le château hongrois de Gödöllő. C'est sa résidence favorite !

1867

À l'assassin !

Le 10 septembre 1898, Sissi est en voyage à Genève, en Suisse. Un matin, tandis qu'elle quitte son hôtel, un homme la bouscule et elle ressent soudain une grande douleur : elle vient d'être poignardée en plein cœur ! Son meurtrier, Luigi Lucheni, est un anarchiste italien, c'est-à-dire un révolutionnaire, qui s'oppose à l'ordre établi et veut s'attaquer à ses symboles : les têtes couronnées. Il n'a rien contre Sissi en particulier, mais c'est l'impératrice en elle qu'il assassine. La pauvre Élisabeth repose désormais à Vienne, auprès de son époux.

1898

1830

1837
Naissance d'Élisabeth.

1848
Révolution hongroise.

1853
Rencontre organisée entre sa sœur Hélène et François-Joseph.

1854
Mariage à Vienne.

1855
Naissance de sa première fille, Sophie.

1856
Naissance de sa deuxième fille, Gisèle.

1857
Mort de Sophie.

1858
Naissance de son fils, Rodolphe.

1860-1861
Voyage à Madère.

1867
Sissi devient reine de Hongrie.

1868
Naissance de sa troisième fille, Marie-Valérie.

1875
Mort de Ferdinand Ier, le père de François-Joseph.

1889
Mort de Rodolphe.

1890
Mariage de Marie-Valérie.

1898
Assassinat à Genève.

1900

Le parcours de Sissi
1
2
3
4
5
6

Légende de LA CARTE

1 Munich

Sissi naît à Munich, dans le palais de la Ludwigstrasse où ses parents passent tous les hivers. Malheureusement, cette belle résidence n'existe plus aujourd'hui.

2 Possenhofen

Chaque été, la famille de Sissi déménage à « Possi », un ancien château du XVIe siècle, dans la campagne bavaroise. Elle garde de cet endroit ses meilleurs souvenirs d'enfance.

3 Bad Ischl

C'est dans cette ville d'Autriche qu'Hélène, la sœur de Sissi, doit être présentée à son futur époux François-Joseph... Mais c'est de Sissi qu'il tombe immédiatement amoureux !

4 Vienne

Sissi se marie en grande pompe à Vienne, en 1854. Puis, elle s'installe avec son époux au château de Schönbrunn, mais elle aura du mal à s'habituer au protocole de la Cour.

5 Gödöllő

Situé à une trentaine de km de Budapest, ce grand château baroque a été offert par le peuple hongrois à leur nouvelle reine, Élisabeth, qui adorait y séjourner.

6 Genève

C'est dans cette ville de Suisse que Sissi fait son dernier voyage. Elle séjourne à l'hôtel Beau-Rivage, au bord du lac Léman, quand un matin elle est assassinée en pleine rue !

Territoire des Habsbourg à la fin du XIXe siècle

François-Joseph Ier

(1830-1916)

À 18 ans, il devient empereur d'Autriche, puis quelques années plus tard, roi de Hongrie. Il épouse Sissi en 1854 et restera très amoureux d'elle toute sa vie.

Sophie de Bavière

(1805-1872)

La maman de François-Joseph a beaucoup d'influence sur lui. Elle est sa plus fidèle conseillère. Malheureusement, elle n'aime pas beaucoup Sissi et lui rendra la vie dure !

Marie-Valérie

(1868-1924)

C'est la dernière fille du couple impérial, et la seule à être élevée par sa mère. Sissi l'aimait énormément, ce qui était parfois étouffant pour la pauvre enfant.

Luigi Lucheni

(1873-1910)

Il grandit dans la misère avant de rejoindre un mouvement anarchiste, qui l'encourage à tuer un représentant du pouvoir. La pauvre Sissi était au mauvais endroit, au mauvais moment.

Le Jeu du

CHERCHE & TROUVE

Cherche et trouve les éléments suivants dans le décor de droite :

Sissi

Luigi Lucheni

Sophie de Bavière

Marie-Valérie

François-Joseph Ier

Le musicien

La cavalière

Le vendeur de journaux

La contrebasse

La valise

Le chat

Le jardinier

Le livre

Le buveur

Le trésor

Le cygne

Le livre ouvert

La statue

L'oiseau

La trompette

Le Jeu des 7 ERREURS

Trouve les 7 différences entre l'image de gauche et l'image de droite.

Solution : la silhouette, la boucle d'oreille, l'éventail, le tapis, le monocle, le mur, le vase.

Le Jeu du

LABYRINTHE

Aide Sissi à trouver le chemin de son éventail.

Solution : le bon chemin est le numéro 2.

Le Jeu des OMBRES

Retrouve la bonne ombre de François-Joseph.

Bonne réponse : l'ombre c.

Le Jeu du

QUIZ

1. Le jour de son mariage, Sissi arrive à bord…

a. D'une roulotte cuivrée
b. D'un carrosse doré
c. D'une carriole pailletée
d. D'une calèche argentée

2. Sissi est une des meilleures…

a. Cavalières
b. Nageuses
c. Boxeuses
d. Gymnastes

3. Quel prénom Sissi n'a-t-elle pas donné à ses filles ?

a. Sophie
b. Gisèle
c. Marie-Valérie
d. Anne

Bonnes réponses : 1.b / 2.a / 3.d

L'encyclopédie des personnages Quelle Histoire

Les plus grands personnages de l'histoire réunis dans un livre inédit.

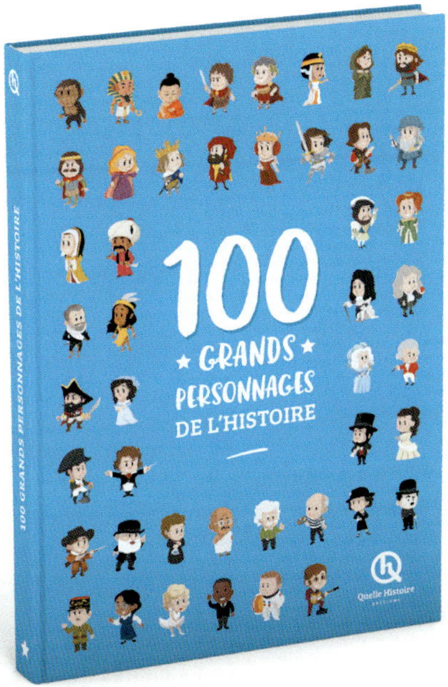

À découvrir sur :

www.quellehistoire.com